# ATTEINDRE LA LIBERTÉ FINANCIÈRE À L'ÂGE DE 20 ANS.

## SÉRIE :

## LA LIBERTÉ FINANCIÈRE À TOUT ÂGE.

# ATTEINDRE LA LIBERTÉ FINANCIÈRE DANS LA VINGTAINE

Série "La liberté financière à tout âge
Par : D.K. Hawkins
Version 1.1 ~Octobre 2021
Publié par D.K. Hawkins sur KDP
Copyright ©2021 par D.K. Hawkins. Tous droits réservés.

Aucune partie de cette publication ne peut être reproduite, distribuée ou transmise sous quelque forme ou par quelque moyen que ce soit, y compris la photocopie, l'enregistrement ou d'autres méthodes électroniques ou mécaniques ou par tout système de stockage ou de récupération de l'information, sans l'autorisation écrite préalable des éditeurs, sauf dans le cas de très brèves citations incorporées dans des critiques et de certaines autres utilisations non commerciales autorisées par la loi sur le droit d'auteur.

Tous droits réservés, y compris le droit de reproduction totale ou partielle sous quelque forme que ce soit.

Toutes les informations contenues dans ce livre ont été soigneusement recherchées et vérifiées quant à leur exactitude factuelle. Toutefois, l'auteur et l'éditeur ne garantissent pas, de manière expresse ou implicite, que les informations contenues dans ce livre conviennent à chaque individu, situation ou objectif et n'assument aucune responsabilité en cas d'erreurs ou d'omissions.

Le lecteur assume le risque et l'entière responsabilité de toutes ses actions. L'auteur ne sera pas tenu responsable de toute perte ou dommage, qu'il soit consécutif, accidentel, spécial ou autre, pouvant résulter des informations présentées dans ce livre.

Toutes les images sont libres d'utilisation ou achetées sur des sites de photos de stock ou libres de droits pour une utilisation commerciale. Pour ce livre, je me suis appuyé sur mes propres observations ainsi que sur de nombreuses sources différentes, et j'ai fait de mon mieux pour vérifier les faits et accorder le crédit qui leur est dû. Dans le cas où du matériel serait utilisé sans autorisation, veuillez me contacter afin que l'oubli soit corrigé.

Les informations fournies dans ce livre le sont à titre informatif uniquement et ne sont pas destinées à être une source de conseils ou d'analyse de crédit en ce qui concerne le matériel présenté. Les informations et/ou documents contenus dans ce livre ne constituent pas des conseils juridiques ou financiers et ne doivent jamais être utilisés sans avoir consulté au préalable un professionnel de la finance afin de déterminer ce qui convient le mieux à vos besoins individuels.

L'éditeur et l'auteur ne donnent aucune garantie ou autre promesse quant aux résultats qui peuvent être obtenus en utilisant le contenu de ce livre. Vous ne devez jamais prendre de décision d'investissement sans consulter au préalable votre propre conseiller financier et sans effectuer vos propres recherches et diligences. Dans toute la mesure permise par la loi, l'éditeur et l'auteur déclinent toute responsabilité dans le cas où les informations, commentaires, analyses, opinions, conseils et/ou recommandations contenus dans ce livre s'avéreraient inexacts, incomplets ou peu fiables, ou entraîneraient des pertes d'investissement ou autres.

Le contenu de ce livre n'est pas destiné à et ne constitue pas un conseil juridique ou un conseil en investissement et aucune relation avocat-client n'est établie. L'éditeur et l'auteur fournissent ce livre et son contenu sur une base "telle quelle". Vous utilisez les informations contenues dans ce livre à vos propres risques.

# TABLE DES MATIÈRES.

TABLE DES MATIÈRES..................................................................4

INTRODUCTION..........................................................................6

CHAPITRE 1. ............................................................................12

    A 20 ans, est-il possible de gagner un revenu à six chiffres?
................................................................................................12

CHAPITRE 2. ............................................................................16

    Quel est le secret de la liberté financière?........................16

CHAPITRE 3. ............................................................................22

    Quels sont vos objectifs financiers à long terme?...............22

CHAPITRE 4. ............................................................................28

    Comment modifier vos idées et vos comportements..........28

CHAPITRE 5. ............................................................................36

    Utilisez la règle des 80/20 pour vos finances. .....................36

CHAPITRE 6. ............................................................................40

    Adoptez la formule de la réussite financière. .....................40

CHAPITRE 7. ............................................................................47

    Résolutions financières pour l'investissement....................47

CHAPITRE 8. ............................................................................55

    Une entreprise à domicile est votre meilleure option pour la liberté financière................................................................55

CHAPITRE 9. ................................................................60

**Reconnectez votre état d'esprit pour réussir et atteindre un revenu à 7 chiffres.**................................................60

CONCLUSION. .............................................................66

# INTRODUCTION.

Que vous ayez une vingtaine d'années, que vous ayez commencé votre carrière professionnelle dans le monde de l'entreprise et que vous disposiez d'une source de revenus stable, une question dominera constamment votre esprit : "Avez-vous besoin d'un plan financier ?" Vous vous demandez probablement pourquoi vous en avez besoin si vos grands-parents ou vos parents n'en avaient pas besoin.

La réponse à toutes ces questions est que vous avez besoin d'une stratégie financière si vous avez des objectifs, car les modes de vie étaient radicalement différents il y a 20 ou 30 ans. Le monde a changé de façon spectaculaire, tout comme nos modes de vie. Nous disposons désormais de méthodes supplémentaires pour dépenser notre argent.

Le sentiment d'indépendance financière s'est estompé. Le moment est venu de déterminer comment gérer votre argent de manière à assurer votre sécurité financière pendant votre carrière et votre retraite. Après tout, vous aimeriez que votre objectif de transformer votre petite monnaie en une grosse somme d'argent devienne une réalité.

Comme nous le savons tous, les désirs humains sont infinis et sans limites. Ils évolueront au cours de notre vie. Pour réaliser ces besoins/objectifs, nous devons trouver un financement, qui peut être obtenu par la "création de revenus" grâce à un emploi ou à l'épargne/aux investissements.

La planification financière est un moyen systématique de générer les fonds nécessaires à la réalisation de nos objectifs. En termes simples, la planification financière consiste à atteindre des objectifs de vie exprimés en termes monétaires par une gestion financière prudente.

Il s'agit d'une technique systématique dans laquelle le planificateur financier maximise les ressources financières existantes du client en utilisant les outils de planification financière et les véhicules d'investissement les plus appropriés pour atteindre les buts et objectifs financiers du client.

C'est l'une des choses que peu de gens considèrent. Cependant, il est important de le faire car cela peut nous faciliter la vie, étant donné que nous ne pouvons pas prédire l'avenir. Par conséquent, si nous commençons à planifier notre avenir financier dès aujourd'hui, nous pourrons voir la manifestation de nos ambitions financières.

La planification financière est la méthode la plus pertinente et la plus axée sur le client qui existe en matière de conseil financier. C'est la méthode la plus pratique pour affecter les flux financiers aux nombreux objectifs de vie d'un individu. Par conséquent, acheter une propriété, une voiture ou prendre des vacances. Quels que soient les objectifs que vous avez en tête, la planification financière peut vous aider à les atteindre.

La mission de la planification financière est de s'assurer qu'un investisseur dispose de la quantité appropriée d'argent au moment opportun pour lui permettre d'accomplir divers objectifs de vie.

Toute personne qui gagne de l'argent doit planifier, ce qui peut sembler être une responsabilité intimidante. Ainsi, un planificateur financier compétent est nécessaire pour vous aider à maintenir votre indépendance financière.

Le temps ne s'arrête jamais. À mesure que vous vieillissez, vos besoins et ceux de votre famille changent. De même, le contexte dans lequel vous vous trouvez changera. De nouvelles opportunités d'investissement se présenteront. Certains investissements antérieurs n'auront peut-être plus de sens ou devront être actualisés au fil du temps.

Une personne dans la vingtaine aura des exigences distinctes à l'aube de la trentaine. Avoir un plan financier est important mais pas suffisant si vous souhaitez vivre une vie relativement sans stress à l'avenir.

Le débat ci-dessus se résume à dire que vous devriez commencer à planifier vos finances dès le début de la vingtaine. Il n'y a pas de meilleur moment que la vingtaine pour commencer à faire travailler votre argent pour vous, donner une direction à votre vie et vous aider à atteindre vos objectifs de vie. Je vous donnerai des raisons de vous engager dans une planification financière qui vous aidera à naviguer à travers toutes les périodes de la vie.

En prenant de bonnes habitudes de dépense et d'épargne dans la vingtaine et en épargnant pour les choses qui comptent pour vous, vous vous constituerez sans aucun doute un pécule appréciable que vous pourrez utiliser en cas d'urgence et pendant votre retraite.

Le vieux proverbe, "Un sou économisé est un sou gagné", s'appliquera à vous si vous pratiquez une planification financière et une épargne saines. La planification financière fournit également des conseils, l'orientation dont vous avez besoin pour prendre des décisions financières intelligentes, en veillant à éviter les erreurs coûteuses et à en récolter les avantages pour le reste de votre vie.

Ainsi, comme le dit le proverbe, "l'homme riche planifie pour demain, l'homme pauvre planifie pour maintenant" ; commencez donc à planifier pour demain comme un homme riche et évitez de devenir un pauvre.

Bonne lecture

# CHAPITRE 1.

## *A 20 ans, est-il possible de gagner un revenu à six chiffres?*

Il n'existe plus de méthode standard pour gagner de l'argent dans ce monde. Les gens de la génération de nos parents étaient plus enclins à croire que vous deviez obtenir un emploi solide en allant à l'université et en gravissant les échelons de votre carrière. Cela vous permettra de gagner enfin suffisamment d'argent pour vous assurer un avenir plus probable que celui que vous avez connu dans la vingtaine.

La clé pour gagner un revenu élevé qui dépasse la barre des six ou sept chiffres est de tirer parti de la puissance d'Internet.

Une activité à l'abri de la récession où des millions de personnes découvrent qu'un monde de richesse les attend en gagnant de l'argent en ligne. La liberté et le style de vie que procure le fait de posséder sa propre entreprise hautement automatisée est un argument de vente pour de nombreux jeunes entrepreneurs dans la vingtaine qui veulent profiter de la vie sans être attachés à un bureau dans leur emploi de 9 à 5.

Alors, comment ces jeunes aspirants gagnent-ils de l'argent, et est-ce sûr ?

Il existe de nombreuses façons différentes de gagner de l'argent en ligne. Certaines sont assez efficaces pour les novices, tandis que d'autres le sont moins et conviennent mieux aux spécialistes du marketing Internet plus expérimentés. Les quatre principales possibilités de gagner de l'argent sur Internet relèvent des catégories suivantes :

1. Le marketing d'affiliation.

2. Saisie de données et questionnaires.

3. Marketing multi-niveaux (MLM) ou marketing de réseau.

4. Vente directe.

Le marketing d'affiliation consiste à vendre les produits d'une autre personne en échange d'une petite commission, souvent de l'ordre de 30 dollars. Par conséquent, si vous faites le calcul, vous découvrirez que pour gagner un revenu considérable, il faut un volume d'achats important ; c'est pourquoi il fonctionne mieux lorsque vous avez déjà une liste d'abonnés assez importante et doit être considéré comme un complément à votre revenu principal.

Il vous faudra travailler très dur pour gagner un revenu à six ou sept chiffres en vendant les produits d'autres personnes et, comme on le dit chez nous, il s'agit de travailler plus intelligemment et non plus durement. La saisie de données et les enquêtes ne sont pas les meilleurs moyens d'atteindre vos objectifs financiers ; vous échangez effectivement votre temps contre de l'argent, elles sont quelque peu monotones et vous pouvez même tomber sur des fraudes qui vous font perdre votre temps sans vous payer !

De nombreuses personnes qui recherchent des opportunités de travail à domicile en ligne s'intéressent certainement aux opportunités de MLM ou de vente directe. Cette méthode génère des revenus massifs pour les spécialistes du marketing en ligne du monde entier, et c'est là que l'on trouve la plupart des histoires de réussite.

L'inconvénient du marketing MLM est que votre revenu n'est pas toujours garanti, car lorsque des personnes de votre ligne ascendante ou descendante quittent l'entreprise, cela affecte certainement votre revenu.

La vente directe, en particulier de produits à prix élevé qui rapportent des commissions importantes de 1000 à 2000 $ directement sur votre compte bancaire, est la méthode préférée des spécialistes du marketing Internet qui recherchent l'indépendance financière. Cette voie ne dépend pas de votre équipe et il est possible de gagner de grosses sommes d'argent très rapidement, même si vous ne disposez pas d'une liste d'abonnés importante.

# CHAPITRE 2.

## *Quel est le secret de la liberté financière ?*

La formule fondamentale de la réussite financière est simple : dépensez moins que vous ne gagnez et investissez le reste. De plus, réinvestissez continuellement les augmentations de revenus.

Cela semble si simple, mais pourquoi la plupart des gens sont-ils pauvres ?

Peut-être ne savent-ils pas comment et où investir prudemment ?

Ou est-ce parce que personne ne leur a conseillé d'épargner ?

Ce n'est pas le cas. Nous avons tous entendu des stratégies pour économiser de l'argent mais avons été déçus lorsque nous les avons essayées, une autre théorie qui est totalement inapplicable dans mon travail. De plus, comment puis-je économiser de l'argent si j'ai juste assez d'argent pour couvrir mon prochain salaire ?

Quel que soit notre salaire, la quantité d'argent restant à la fin du mois reflète notre capacité à faire fructifier notre capital. En effet, c'est tout ce que nous avons gagné, et les autres ont gagné tout ce que nous avons dépensé. Vous pouvez ne pas être d'accord, mais la valeur importante est la somme de votre capital acquis, moins votre dette.

Si vous pensez que ce que vous gagnez est "raisonnable", mais qu'après les dettes, il ne reste qu'un petit capital, c'est que quelqu'un d'autre utilise avec succès votre argent gagné.

Qu'est-ce qui a le plus de valeur : un emploi bien rémunéré ou la création de votre propre entreprise ?

Devriez-vous continuer à travailler pour quelqu'un d'autre ou créer votre propre entreprise ?

Cela dépend entièrement de votre situation personnelle et, puisque nous parlons de revenus, il en existe deux types : actifs et passifs. Le revenu actif est obtenu lorsque vous êtes rémunéré pour votre temps de travail. Si vous travaillez, vous recevrez. Si vous ne travaillez pas, vous ne recevrez rien.

Le revenu passif est gagné lorsque votre temps et vos efforts sont récompensés plusieurs fois. Par exemple, l'auteur a terminé un roman en deux ans. Cependant, le livre est devenu un succès, et il recevra un revenu pendant de nombreuses années grâce à son engagement de deux ans.

De même, l'investissement crée un revenu passif. Si vous investissez vos revenus actifs avec prudence, vous pouvez établir une source de revenus passifs. Votre propre entreprise peut également générer des revenus passifs, mais seulement si vous établissez un système commercial qui fonctionne indépendamment de votre intervention directe.

La plupart des personnes qui créent une entreprise le font pour établir une carrière pour elles-mêmes. Ils ne sont pas employés. C'est leur entreprise qui les emploie. N'oubliez pas non plus que 80 % des petites entreprises échouent au cours des cinq premières années d'activité.

Pour ceux qui ne voient pas d'avenir à long terme dans la main-d'œuvre salariée, qui ne veulent pas prendre de risques importants ou qui n'ont pas d'idées commerciales créatives, il existe la possibilité de se connecter à des systèmes d'entreprise établis tels que le marketing de réseau.

Il s'agit d'une autre méthode, accessible à tous, pour générer un flux de revenus passifs. Il vous suffit de trouver une organisation réputée, ayant fait ses preuves et dotée d'une excellente structure éducative qui vous permet d'apprendre auprès de leaders et non d'universitaires moyens.

Pourquoi met-on tant l'accent sur les revenus passifs ? Parce qu'ils peuvent vous libérer.

Que signifie "vous libérer" ? L'expression "liberté" a une pléthore de définitions. Ma définition préférée de la liberté est la suivante : Liberté = temps plus argent. Si vous avez assez de temps mais pas assez d'argent, vous ne pouvez pas choisir ce que vous voulez faire ou où vous voulez aller. Si vous avez de l'argent mais pas le temps nécessaire, vous n'êtes toujours pas libre.

La liberté financière est le seul chemin vers la vraie liberté. L'indépendance financière est atteinte lorsque votre revenu passif vous permet de mener le style de vie que vous souhaitez. Vous pouvez alors travailler uniquement quand et autant que vous le souhaitez. N'est-ce pas incroyable ?

Le problème est que cela semble irréalisable pour la plupart des gens. C'est le résultat d'un manque d'autodiscipline de notre part. Il semble qu'il s'agisse d'un restaurant libre-service dans la vie : Tous ceux qui sont maintenant en tête de file étaient auparavant à la queue de la file.

La plupart des gens changent souvent de ligne, généralement avant d'avoir atteint le milieu de la file. Ils ne parviendront jamais à atteindre la première ligne, où se trouvent les pâtisseries les plus délectables.

La condition préalable à la réussite financière est simple. Plus tôt vous établirez des habitudes de croissance du capital, plus tôt vous récolterez les fruits de la réussite financière.

Par où commencer ?

L'une des raisons pour lesquelles la plupart des individus ne deviennent pas riches est qu'ils n'ont pas un concept clair de ce qui constitue un actif. Autrement dit, ils n'ont pas d'objectif clairement défini. Reconnaissez qu'il est extrêmement difficile d'accomplir quelque chose dont vous n'êtes pas sûr. Par conséquent, vous devriez commencer par vos objectifs à long terme.

# CHAPITRE 3.

## *Quels sont vos objectifs financiers à long terme?*

Il est important de répondre clairement à cette question, car notre ordinateur le plus puissant, le subconscient, ne peut pas comprendre les chiffres. Il a besoin d'une représentation visuelle claire. Il n'est pas étonnant que Donald Trump, le célèbre multimillionnaire, ait déclaré : "Si mon imagination peut l'imaginer clairement, il doit être possible de le faire."

Avant de poursuivre des ambitions à long terme, chaque individu devrait s'occuper de sa sécurité financière. La stabilité financière dépend de deux facteurs : l'assurance vie et invalidité et l'accumulation d'un "tampon financier".

Que signifie le terme "tampon financier" ? Il s'agit du montant d'argent détenu en toute sécurité qui est nécessaire pour subvenir aux dépenses essentielles de votre famille pendant 6 à 24 mois si vous perdez votre ou vos sources de revenus de façon inattendue.

Tout le monde croit que " cela ne m'arrivera jamais ", mais cela arrive souvent. De plus, considérez combien une personne se sent plus à l'aise lorsqu'elle sait que, si nécessaire, elle aura suffisamment de temps pour trouver un autre emploi ou même changer complètement de carrière. Vous devez garder cet argent inutilisé et ne pouvez pas jouer avec.

Il n'est pas conseillé de conserver ces fonds sur un compte bancaire ou dans un coffre-fort à la maison. L'assurance-vie et l'assurance-invalidité, bien sûr, sont importantes pour protéger les personnes qui vous sont les plus proches. Cela devrait être votre premier objectif financier.

L'épargne est-elle un moyen viable de s'enrichir si une personne n'épargne qu'une partie de ses revenus ?

Après avoir assuré votre sécurité financière, vous pouvez décider comment augmenter votre capital. Le premier choix à faire est celui de la part de votre argent que vous allez vous payer. C'est-à-dire quel pourcentage de votre salaire mensuel vous allez épargner. Toutefois, un problème se pose. Comment déterminer combien d'argent je vais conserver chaque mois ? Parce que les conditions financières changent d'un mois à l'autre et que, parfois, il ne reste plus rien.

La réponse est simple : payez-vous d'abord lorsque vous recevez un chèque de paie ! Cela signifie que dès que les gains arrivent sur votre compte, vous devez en déposer une partie sur un compte d'épargne dédié.

Cela ne suffit pas, car la plupart des personnes ne peuvent pas résister à la tentation de dépenser l'argent, et leur discipline est violée. Ils ne se paient pas parce qu'ils croient pouvoir épargner deux fois plus le mois suivant. Le mois suivant, l'histoire se répète, et finalement, les individus se sentent impuissants à mener à bien cet aspect de leur plan.

Pour contourner ce problème, vous devez automatiser ce processus. Par exemple, si vous recevez votre salaire le dixième jour de chaque mois, établissez un transfert automatique vers votre compte d'épargne le onze.

Imaginez ce qui se passerait si un jeune homme de 19 ans mettait de côté 250 $ US chaque mois pour lui-même. Chaque année, il économiserait 3 000 $ US ! Devinez le montant de la richesse qu'il accumulera à 65 ans s'il n'utilise pas cet argent avant cet âge et le place dans des actifs financiers offrant un rendement annuel moyen de 10 % ?

La réponse est 1,5 million de dollars aux États-Unis. Le résultat est généralement remarquable car les intérêts composés entrent en jeu lorsque vous épargnez de l'argent chaque mois et que vous l'investissez.

Si vous n'êtes pas familier avec les placements, vous pouvez contacter le responsable du marketing des produits d'investissement de votre banque. Choisissez un gestionnaire qui ne vous attaquera pas en vous recommandant tel ou tel fonds sans clarifier vos objectifs d'investissement à long terme.

Un bon gestionnaire devrait vous aider à élaborer une stratégie d'investissement adaptée à vos objectifs spécifiques et à vos qualités personnelles, comme la tolérance au risque. Malheureusement, dans la plupart des banques, les gestionnaires se comportent aujourd'hui comme des vendeurs moyens. Ils ont un produit et cherchent des moyens de le vendre.

Ce n'est toutefois pas une raison pour renoncer à l'épargne. Il ne vaut pas la peine d'accélérer la procédure. Prenez votre temps et concentrez-vous sur la recherche du spécialiste idéal, axé sur vos besoins spécifiques en tant que client.

Pour résumer :

1. Déterminez la part de vos gains que vous allez vous payer.

2. Prenez d'abord soin de vous. Ensuite, rémunérez les autres.

3. Automatisez le processus.

Cela signifie-t-il que, dans la plupart des cas, chaque individu peut s'enrichir progressivement?

Si je devais tout résumer, je dirais que la plupart des gens ne s'enrichissent jamais parce qu'ils ne structurent pas leur vie comme une entreprise qui doit générer des bénéfices à la fin de chaque année.

Nous n'avons pas étudié les tactiques spécifiques de mobilisation de capitaux exigeant des compétences particulières, telles que le trading actif en bourse, le trading d'options ou d'autres méthodes. Ce CHAPITRE s'est principalement concentré sur les idées et les habitudes, qui sont responsables et peuvent changer.

Après avoir modifié quelques comportements, nous aurons accès à des sommes d'argent plus importantes. De plus, nous serons préparés à de nouvelles difficultés, et lorsqu'un élève est prêt, le professeur apparaît toujours!

# CHAPITRE 4.

## *Comment modifier vos idées et vos comportements.*

Les adultes d'une vingtaine d'années sont confrontés à des problèmes personnels extraordinaires. En position de faire nos propres choix, nous sommes souvent paralysés par l'appréhension et l'incertitude.

Pourtant, s'ils sont prêts à modifier leurs idées et leurs comportements, tous les "vingtenaires" ont la possibilité de se tailler une vie saine, heureuse et indépendante. Cela implique de vivre délibérément plutôt que d'attendre passivement que quelqu'un d'autre détermine la prochaine étape.

1) Soyez vous-même.

Il n'y a pas d'exception. Soyez attentif au sentiment de savoir qui existe en vous et agissez en son nom. Il existe des individus, des lieux et des professions qui vous permettront de vivre. Votre objectif est de les maximiser au service de vos passions.

Lorsque la connaissance qui est en vous vous remplit de joie, il n'y a vraiment pas de meilleur sentiment au monde. Envisagez de vivre quotidiennement avec ce niveau de liberté, de confort et de vitalité.

Ce ne serait pas merveilleux ?

Quel genre de vie pourriez-vous mener ?

2) Assumez votre responsabilité financière.

Déterminez combien d'argent vous allez gagner et quand. Vous devez savoir combien d'argent vous dépensez et sur quoi.

Sont-ils synchronisés ?

Avec une simple recherche en ligne, il existe de nombreuses stratégies gratuites et simples pour équilibrer votre budget.

La peur de la détresse financière ne change pas la réalité ; elle ne fait que vous paralyser dans l'inaction et créer des problèmes supplémentaires. Savoir ce que vous possédez et ce que vous devez vous permet de prendre des décisions financières prudentes.

3) Les activités parascolaires ne sont pas facultatives !

Le jeu est un élément nécessaire pour vivre une vie saine et heureuse. Tout le monde a besoin et mérite d'avoir du temps pour se détendre et s'amuser. Que vous vous produisiez à la montagne, à la plage, au théâtre ou même dans un café de quartier. L'important, c'est de sortir et de jouer.

La voie de la réussite professionnelle oriente une grande partie (j'ose dire la totalité ?) de notre attention vers les activités liées au travail, le professionnalisme, la maturité et la formation continue.

C'est très bien, mais pour donner le meilleur de soi-même, il n'est pas nécessaire de se consacrer au travail 24 heures sur 24. Souvent, ce sont nos temps morts qui nous procurent les heures les plus épanouissantes. Nous apportons tous quelque chose d'utile au monde ; si nous le faisons en prenant du plaisir, nous pouvons améliorer notre contribution.

4) Constituez un "groupe de travail."

À vingt ans, il y a de fortes chances que vous vous trouviez dans un nouvel endroit ou que vous viviez le même endroit d'une manière nouvelle. S'il peut être tentant d'attendre que les opportunités se présentent d'elles-mêmes, rien n'est plus susceptible d'aboutir à la misère.

Assemblez activement votre nouvelle vie ; devenez un "joiner". Identifiez un groupe de personnes à qui vous manquerez si vous ne pouvez pas être présent. Commencez par vous intéresser à ce qui vous intéresse. Si vous pouvez rejoindre un groupe lié à votre carrière, ce serait fantastique. Si une organisation de loisirs appelle votre nom, c'est fantastique. L'approche la plus efficace pour s'assurer le bonheur est de travailler en sa faveur ! Faites-le.

5) Élargissez vos horizons

Lorsque les choses ne vont pas bien, changez votre perspective. Changez votre état d'esprit : en quoi est-ce une opportunité ? Est-il possible pour moi de changer d'attitude ? Une chose est sûre : si vous vous racontez sans cesse la même histoire triste à vous-même, à vos amis ou à votre famille, vous pouvez vous convaincre que c'est la seule façon de voir la situation.

Pour être honnête, il existe des millions d'autres perspectives, mais vous devrez peut-être faire un grand pas en arrière pour les obtenir. Le monde fera ce qui lui plaît. Il est préférable d'élargir votre gamme acceptable, en maximisant votre capacité d'ajustement, que de confiner votre bonheur à des périodes où tout est comme vous le souhaitez.

6) Prenez des risques.

Je ne préconise pas les gains inconsidérés à court terme au détriment des risques de souffrance à long terme.

Quels risques êtes-vous prêt à prendre ?

Prenez-les en votre nom, au nom de votre désir.

Quelle est votre PASSION dans la vie ?

Trouvez une méthode pour l'inclure dans votre routine quotidienne. Il n'y aura jamais un jour où vous aurez moins de devoirs que vous n'en avez actuellement.

Acceptez de prendre des risques tôt dans la vie ; n'attendez pas d'être épuisé pour ressusciter votre objectif. Défendez vos passions et vos rêves. Préparez-vous financièrement, socialement et émotionnellement à votre prise de risque. Assurez-vous du soutien dont vous aurez besoin pour vous lancer et vivre largement.

7) Rappelez-vous qu'aujourd'hui est votre jour.

Tout dans votre vie se produit grâce à votre permission - des factures de carte de crédit les plus troublantes à l'appartement moins qu'idéal en passant par l'ami qui se plaint à chaque occasion. Chaque jour, vous créez votre univers par vos pensées, vos paroles et vos actions. "J'ai pris ce job de 40/60/80 heures par semaine pour me protéger de la famine" n'est pas une façon de se lever chaque matin.

"J'ai décroché un emploi stable qui me permettra de rembourser mes dettes et d'atteindre la liberté financière à l'âge de 26 ans" favorise un environnement plus constructif et ouvre la porte à d'autres excellentes opportunités. Cet optimisme vous permet de vous concentrer sur vos objectifs, vos passions et vos désirs futurs.

Vous êtes le créateur de votre univers ; faites en sorte qu'il soit celui que vous désirez.

Qu'est-ce que vous endurez et pourquoi ?

Qu'est-ce qui serait différent si vous étiez prêt à affronter ces problèmes ?

Quelle pourrait être la source de votre bonheur?

Nous méritons tous le bonheur. Quel est votre premier geste pour en faire une réalité pour vous?

# CHAPITRE 5.

## *Utilisez la règle des 80/20 pour vos finances.*

Populairement connue sous le nom de principe de Pareto, la règle des 80-20 est peut-être l'une des stratégies de gestion financière les plus importantes qui permettent aux gens de se concentrer sur les choses importantes et d'accomplir davantage de choses.

En termes de productivité, cette règle affirme que 80 % de l'ensemble de vos résultats devraient provenir de seulement 20 % de votre travail. Cela signifie également que quatre-vingts pour cent de vos efforts n'ont un impact que sur vingt pour cent de vos résultats finaux. Alors comment mettre en œuvre la règle de la liberté financière personnelle ?

Les circonstances sont différentes pour tout le monde. Tout le monde a un style de vie distinct, et pratiquement tout le monde a ses habitudes de dépenses. Par conséquent, l'application de la règle des 80-20 dans votre scénario pourrait être extrêmement différente de celle des personnes qui vous entourent.

Supposons que nous essayons de travailler sur un budget personnel pour atteindre la liberté financière. Dans ce cas, le principal domaine de concentration devrait être les domaines de vos dépenses qui présentent les dépenses les plus élevées.

Cet ensemble de dépenses constitue normalement vos quatre-vingts pour cent. Le fait est que, le plus souvent, on nous dit de faire des coupes dans la région des dépenses quotidiennes comme les déjeuners et le café, mais en vérité, ce sont des choses qui vous feront économiser quelques centimes, et elles se situent généralement dans votre fourchette de vingt pour cent.

Les principales catégories de dépenses personnelles et la zone des quatre-vingts pour cent comprennent généralement les dépenses de logement, l'utilisation d'un ou deux véhicules et les dettes personnelles. Avant d'appliquer la règle des 80/20, vous devez analyser ces catégories de dépenses importantes afin de déterminer les solutions immédiates pour réduire les dépenses.

Par exemple, vous pourriez envisager de prendre un colocataire, ce qui réduirait considérablement les dépenses de logement. Dans certaines circonstances, vous pouvez réduire vos paiements de logement ou votre loyer à la moitié de ce que vous dépensez actuellement.

Une autre chose que vous pourriez envisager est le covoiturage. Ce concept existe depuis longtemps. De nombreuses personnes des générations précédentes tenaient à se déplacer de cette manière pour se rendre au travail et en revenir.

Cela vous permettra d'économiser de l'argent sur l'essence, les péages et les frais de stationnement. Vous pouvez également demander à toutes les personnes qui voyagent avec vous de contribuer aux frais du véhicule en donnant de l'argent chaque fois qu'elles prennent place dans votre voiture.

Les dettes personnelles constituent souvent l'un des principaux postes de dépenses. Vous réaliserez des gains importants si vous pouvez rembourser vos dettes en totalité ou en rembourser d'énormes quantités au fur et à mesure. Cela vous permettra d'économiser de l'argent sur les paiements d'intérêts et vous aidera à rembourser vos dettes plus rapidement que ce que prévoyait le contrat de prêt initial.

Vérifiez votre contrat au préalable si vous envisagez de le faire, car certains prêts comportent une condition de remboursement anticipé. Parfois, des frais de pénalité sont imposés pour le remboursement anticipé de la dette.

Essentiellement, si vous pouvez appliquer la règle des 80/20 à votre budget et à vos dépenses quotidiennes, vous découvrirez que l'indépendance financière n'est pas difficile à atteindre. Il vous faudra faire preuve de prévoyance et de persévérance. Vous ferez ainsi tout ce qui est en votre pouvoir pour éviter d'encourir des frais inutiles.

# CHAPITRE 6.

## *Adoptez la formule de la réussite financière.*

Pourquoi certaines personnes attirent-elles la richesse comme un aimant, alors que d'autres sont destinées à gagner un revenu moyen ou à vivre d'un chèque de paie à l'autre, quels que soient leurs efforts ?

Selon les personnes les plus riches du monde, la réussite financière est déterminée par les idées et les attitudes humaines à hauteur de 80 %. En comparaison, les connaissances et les capacités à générer de l'argent ne comptent que pour 20 %. Bien qu'il serait erroné de penser que les connaissances sont inutiles dans ce scénario, les gens ne génèrent pas de l'argent uniquement sur la base de leurs connaissances.

Des pensées destructrices liées à l'argent, telles que "aucun argent ne gagne" ou "les moyens honnêtes n'ont pas permis de gagner de l'argent", se cachent dans notre subconscient et nous empêchent d'avoir les meilleures chances d'acquérir d'autres fonds. Bien que nous n'en soyons souvent pas conscients, nous suivons ces croyances et en recevons les résultats, car nos croyances et nos pensées nous affectent directement.

Ainsi, qu'est-ce qui vous rend riche ?

Thomas J. Stanley a réalisé une enquête auprès de 733 multimillionnaires et les a interrogés. L'étude demandait aux personnes interrogées d'identifier les 30 caractéristiques qui, selon elles, contribuaient le plus à leur réussite.

Pour résumer les statistiques, les cinq premiers facteurs les plus importants étaient les suivants (le pourcentage de répondants ayant nommé chaque élément est indiqué entre parenthèses) :

1. La considération pour les autres (57 pour cent).

2. La maîtrise de soi (57 pour cent).

3. Capacité à trouver un accord avec les autres (56 pour cent).

4. Un partenaire qui a de l'empathie pour vous et vous soutient (49 pour cent).

5. La capacité à travailler plus assidûment que les autres (47 pour cent).

Certaines personnes peuvent se demander à ce stade : "N'importe quoi - le succès dépend de différents facteurs. Vous aurez besoin d'un investissement monétaire initial, d'une famille aisée et de contacts, et il est même avantageux de pouvoir grimper sur d'autres individus '". Si vous croyez cela, j'ai de mauvaises nouvelles pour vous ! Vous faites partie de ces individus qui pensent que la formule du succès est "Avoir. Faire. Être."

Peut-être vous dites-vous : "Si je disposais de fonds initiaux, d'amis éminents et d'idées solides, je créerais une entreprise, j'investirais, je créerais ou ferais breveter quelque chose, et je serais heureux (riche, prospère, aimé, etc.). Cependant, je n'ai pas tout cela, c'est pourquoi je ne réussis pas aussi bien que je le voudrais." Qu'est-ce qui ne va pas dans ce tableau ? Certes, votre formule est inversée.

En réalité, c'est l'inverse qui est vrai : vous devez d'abord développer votre confiance en vous, votre sens des responsabilités, votre ambition et votre ténacité, puis agir (créer, grandir, prendre des risques, aller de l'avant, etc.) pour atteindre de hautes performances, le succès, l'aisance et la reconnaissance.

Il existe une technique simple pour maintenir votre capacité actuelle à attirer et à retenir l'argent :

1. Commencez par calculer votre capital actuel (biens immobiliers et mobiliers, comptes en espèces et titres) ;

2. Soustrayez toutes les dettes existantes (prêts, leasing, etc.) du montant total dont vous disposez ;

3. 3. Divisez le total par le nombre d'années de travail rémunéré ;

4. Soustrayez le résultat de 12.

Le chiffre obtenu est une véritable indication du montant moyen d'argent que vous avez gagné par mois jusqu'à présent. Le reste de vos gains a été réparti entre d'autres personnes (restaurants, magasins, agences de voyage, banques, stations-service, etc.)

Les particuliers se lamentent souvent sur leur incapacité à gagner leur vie. Les employeurs sont-ils vraiment sous-payés ?

Connaissez-vous la sensation ou la pensée que vous auriez plus d'argent si votre employeur augmentait simplement votre salaire ?

Pourtant, une augmentation de la rémunération n'est ni requise ni nécessaire. Pourquoi ?

Parce que la plupart des gens adhèrent à la loi de Parkinson : "Les coûts augmentent jusqu'à ce qu'ils soient égaux aux revenus." La première condition préalable à la réussite financière est de cultiver l'habitude de violer continuellement la loi de Parkinson.

Combien de temps avez-vous été employé ?

Combien de fois a-t-on augmenté votre salaire pendant cette période ?

Dans quelle mesure avez-vous été proche de l'indépendance financière pendant cette période ?

Ou peut-être avez-vous déménagé ? Peut-être qu'avec l'augmentation de vos revenus, vos dettes ont également augmenté ?

Peut-être êtes-vous pressé d'une manière que vous n'avez jamais été pressé auparavant ?

Vous hésitez peut-être à "faire des vagues" ou à prendre des mesures audacieuses, car vous ne pouvez pas vous permettre de réduire vos revenus, même temporairement, parce que les banques et les sociétés de crédit-bail frappent à votre porte ?

Si cela décrit votre situation, alors vos employeurs ne sont pas fautifs de vous payer insuffisamment. C'est uniquement à cause de votre comportement que vous avez été aspiré dans la "roue du hamster". Vous devez faire tourner cette roue en permanence, car si elle s'arrête, ne serait-ce qu'une fraction de seconde, votre vie entière implosera comme un château de cartes.

# CHAPITRE 7.

## *Résolutions financières pour l'investissement.*

Si vous prenez des résolutions depuis l'âge de neuf ans ou si c'est la première année, j'ai quelques suggestions à vous faire, en plus des habituels "être en meilleure santé" et "s'organiser".

En 2021, la troisième résolution la plus populaire du Nouvel An est d'augmenter l'épargne et de diminuer les dépenses. Je suis sûr que ceux qui ont rédigé cette résolution avaient les meilleures intentions du monde. En revanche, être plus précis permet d'obtenir des résultats supérieurs. Pour vous aider à démarrer, voici cinq suggestions :

1. Cette année, économisez plus d'argent que l'année dernière.

Cette résolution, juste après celle de devenir en bonne santé, a le potentiel d'avoir l'impact le plus significatif sur votre vie. Il existe de nombreux aspects de ce monde sur lesquels vous n'avez aucun contrôle. Chaque jour, des emplois "sûrs" sont perdus.

Chaque année, les marchés boursiers connaissent des hauts et des bas. Chaque semaine, une vente "importante" est perdue. Si vous passez votre temps à essayer de changer des choses que vous ne pouvez pas contrôler, vous aurez une vie extrêmement frustrante.

Vous avez un contrôle total sur la quantité d'argent que vous épargnez. Que vous ayez ou non commencé à épargner pour une maison, la retraite ou des vacances de rêve, il y a toujours plus d'argent à épargner. Si vous n'avez rien épargné l'année dernière, faites de 2021 l'année où vous commencerez à épargner 50 $ par mois. Si vous êtes déjà un épargnant assidu, c'est l'année où vous devez augmenter votre épargne.

C'est une de mes résolutions depuis deux ans. Je suis passé de rien du tout à environ 1000 $ d'économies par mois. Je mets de l'argent de côté pour une nouvelle voiture, une nouvelle maison, des vacances et la retraite. Je ne dis pas cela pour me vanter, mais pour démontrer que c'est réalisable.

Comment dois-je m'y prendre ?

Je le fais grâce à la technologie (dont nous parlerons dans un moment) et à un partenaire responsable. L'établissement de rappels et l'automatisation des retraits de mon compte bancaire m'obligent à épargner, et le fait d'avoir un ami qui me le rappelle constamment est un avantage déguisé. Si vous avez besoin d'un partenaire de responsabilité, n'hésitez pas à me contacter. Je serai ravi de vous aider.

2. Remboursez un de vos prêts.

Les dettes sont pénibles. Rembourser ses dettes est encore plus désagréable. Malheureusement, les niveaux d'endettement des jeunes de 20 ans vont de

12 000 $ à 78 000 $ pour les jeunes de 28 et 29 ans. Si vous avez une vingtaine d'années, commencez à rembourser vos dettes immédiatement avant qu'elles ne deviennent ingérables. Si vous êtes à la fin de la vingtaine, engagez-vous à rembourser vos dettes avant d'atteindre l'âge mûr de 30 ans.

Il s'agit d'une excellente résolution, car vous pouvez la rendre aussi difficile que vous le souhaitez. Vous avez peut-être un solde de 500 $ sur votre carte de crédit pour vos achats de Noël. Vous pouvez rembourser cette somme et rayer cette résolution de votre liste en quelques jours.

Si vous cherchez un défi plus difficile, vous avez peut-être un prêt étudiant de 10 000 $. En adoptant une stratégie visant à rembourser 833,33 $ par mois pour éliminer la dette de votre prêt étudiant d'ici la fin de 2016, vous vous sentirez comme un vainqueur. Sans parler de la sensation extraordinaire que vous ressentirez une fois la dette remboursée.

Je vous recommande d'examiner votre situation financière et de choisir une dette qui soit à la fois réalisable et importante. Déterminez le paiement mensuel nécessaire pour réduire la dette et respectez-le.

De nombreux fournisseurs de cartes de crédit et de services de recouvrement de factures vous permettront de mettre en place un paiement mensuel automatique répétitif. Notez-le et oubliez-le. Ensuite, lorsque 2016 arrivera, vous serez un paiement de prêt plus proche de l'indépendance financière.

3. Établissez ou modifiez votre budget

Je suis un fervent partisan des budgets. Je pense que tout le monde, même les personnes ultra-riches, devrait avoir un budget. Les budgets vous obligent à déterminer votre situation financière, votre capacité de dépense et vos priorités.

Si vous adorez sortir le vendredi soir, créez une catégorie budgétaire consacrée aux vendredis soirs. Si vous aspirez à acquérir une nouvelle Lexus, créez une catégorie budgétaire baptisée "fonds Lexus".

Si vous n'avez pas de budget, faites de 2021 l'année où vous l'essayez. Je vous garantis que vous vous sentirez plus sûr de vos finances et de votre avenir et que vous vous amuserez davantage que l'année dernière. Si vous êtes un habitué du budget, revoyez-le pour déterminer si certains de vos objectifs ont changé.

Je sais que mon budget pour les sorties entre copains a été réduit l'année dernière afin d'économiser pour des vacances plus importantes. J'ai passé des vacances fantastiques l'année dernière, et je n'ai rien manqué de significatif en ratant quelques vendredis soirs avec mes amis.

4. Utiliser la technologie pour vous aider à atteindre vos objectifs financiers

Nous nous considérons chanceux d'être la première génération à maîtriser entièrement le numérique. Nous savons comment utiliser Internet de manière efficace et efficiente pour améliorer (simplifier ?) nos vies. Les applications font désormais partie intégrante de notre vie quotidienne (essayez de trouver un endroit sans Google Maps). Il est grand temps que nos finances rattrapent le reste de notre vie technologique.

Quels que soient vos objectifs financiers, la technologie peut vous aider. Personal Capital ou Mint sont des outils de budgétisation qui peuvent vous aider à créer ou à modifier votre budget. Les programmes d'investissement tels que Robin Hood, Wealthfront, Betterment ou My Pathway peuvent vous aider à réaliser des investissements futurs. Sans oublier le vaste réseau de conseillers financiers désireux d'aider la génération X&Y.

Utilisez votre téléphone à d'autres fins que Facebook, Snapchat et le dernier jeu en date, et vous pourriez vous retrouver un peu plus riche l'année prochaine.

5. Familiarisez-vous avec les principes fondamentaux de l'investissement

Si vous avez franchi les étapes précédentes, la prochaine meilleure étape consiste à acquérir ou à améliorer vos connaissances en matière d'investissement. Dans sa forme la plus simple, l'investissement est le processus par lequel vous utilisez votre argent pour générer d'autres fonds.

L'investissement peut être aussi sophistiqué ou aussi simple que vous le souhaitez. À mon avis, vous ne devriez jamais investir dans quelque chose qu'un enfant de dix ans ne peut pas comprendre. Quelle que soit la direction que prennent vos investissements, commencez par les fondamentaux.

# CHAPITRE 8.

## *Une entreprise à domicile est votre meilleure option pour la liberté financière.*

Il est certain que la plupart d'entre nous souhaitent avoir plus d'argent dans leur vie. Généralement, cela implique de prendre un deuxième emploi ou de créer sa propre entreprise.

J'en suis arrivé à la conclusion qu'un modèle viable d'entreprise à domicile est la voie à suivre, notamment en raison des faibles coûts de démarrage, des faibles frais d'exploitation et des faibles frais généraux. Nous devons maintenant choisir le type d'entreprise à créer et le produit ou service à commercialiser.

Prenons l'exemple suivant : nous proposons des suppléments de santé, de régime et de nutrition, des plans médicaux et dentaires à prix réduit, des services juridiques/avocats à prix réduit, des cosmétiques et des bougies, ainsi que pratiquement tout le reste.

La grande majorité de ces organisations qui vendent ces produits et services ont généralement besoin que vous établissiez une liste d'amis et de parents, que vous organisiez des "fêtes à domicile" ou des réunions, que vous fassiez de nombreux appels à froid et que vous développiez un réseau massif de distributeurs sous vos ordres.

Examinons le scénario précédent. Le modèle d'entreprise MLM à domicile le plus répandu est la vente d'articles de santé et de nutrition. Hé, je suis tout à fait favorable au maintien d'un mode de vie sain et actif, et les compléments alimentaires devraient faire partie de la routine quotidienne de chacun.

Le problème avec la plupart des organisations MLM qui font de la publicité pour ces produits est le coût/prix élevé, le battage publicitaire et les grandes déclarations faites à propos de leur "dernier et meilleur" complément miraculeux... qu'il s'agisse d'une pilule de régime, d'une poudre, d'une potion ou d'une boisson miracle.

Bien qu'il s'agisse de produits hautement consommables, vous demandez à des personnes de modifier leur mode de vie pour obtenir quelque chose dont elles ont besoin mais qu'elles ne désirent pas nécessairement. Cela peut être assez difficile, surtout si l'on compare des produits de qualité comparable qui peuvent être acquis à un prix nettement inférieur ailleurs.

Ils sont également truffés de complications concernant les différents articles et services mentionnés ci-dessus et les organisations qui en font la promotion. Soit ils semblent fantastiques en principe et sur le papier, mais ne sont pas à la hauteur dans la pratique et peuvent être assortis de certaines conditions.

Le principal problème ici est qu'il est extrêmement difficile de changer le comportement des gens, d'autant plus que la plupart d'entre eux méprisent le fait de vendre des "choses" et d'embêter leurs amis et leur famille.

L'opportunité d'affaires à domicile idéale doit avoir des frais de démarrage abordables, vous permettre de mener la plupart de vos activités depuis votre domicile (généralement sur Internet), vous dispenser de téléphoner à des centaines de personnes, d'importuner votre famille et vos amis, et vous dispenser de stocker des produits.

Il doit s'agir d'un produit ou d'un service que les gens VEULENT et désirent, et pas seulement d'un besoin. Les gens sont constamment à la recherche de connaissances pour les aider à résoudre un problème ou une question dans leur vie. Quel est le produit que tout le monde aimerait avoir en plus grande quantité ?

L'argent est l'option la plus évidente. Un produit qui donne aux gens les outils et les connaissances nécessaires pour réussir dans le marketing, l'élément vital de toute organisation, est un bien précieux.

Le plan de rémunération est un autre élément essentiel. Vous voulez un plan de rémunération qui récompense généreusement chaque transaction. Oubliez ces programmes de rémunération à la Mickey Mouse qui vous paient 5, 10 ou 20 dollars par transaction. C'est tout simplement insuffisant.

Pour gagner votre vie, vous devez générer un grand nombre de ventes. Vous voulez un système de rémunération qui génère rapidement des bénéfices. Après tout, notre temps est précieux et limité.

# CHAPITRE 9.

## *Reconnectez votre état d'esprit pour réussir et atteindre un revenu à 7 chiffres.*

Ce n'est un secret pour personne que les prospects sont essentiels à votre activité, mais à quoi servent trois cents prospects par jour si vous n'êtes pas mentalement équipé pour réussir ?

Si vous avez une mentalité de pauvre et que vous n'avez pas les qualités de leadership requises pour vous débrouiller au téléphone, peu importe le nombre de prospects que vous contactez, car AUCUN d'entre eux ne se joindra à vous !

Je sais que le concept de "mentalité" n'est pas sexy. Tout le monde préférerait étudier les nouvelles et meilleures stratégies de marketing pour avoir des prospects qui affluent régulièrement, mais les prospects ne veulent absolument RIEN dire si votre esprit n'est pas bon.

Alors comment faire pour que vos pensées soient justes ?

Que font les personnes qui gagnent le plus d'argent avec leur esprit pour apporter rapidement et facilement une quantité infinie d'argent à leur entreprise, alors que 90 % des personnes dans ce domaine gagnent moins de 10 dollars par semaine ?

Abordons ce sujet très important car il s'agit de l'élément le plus vital de tout le processus pour devenir un entrepreneur prospère, et c'est la SEULE raison pour laquelle les gens échouent.

Votre esprit est la chose la plus puissante au monde que vous pouvez exploiter. Il peut être votre meilleur allié qui vous sert et vous apporte tout ce dont vous avez besoin pour créer une vie sans limites. Il peut être votre pire ennemi, attirant toujours les difficultés, la douleur et la difficulté dans votre existence. Votre esprit est celui avec lequel vous aurez le plus de discussions au cours de cette vie, et c'est VOUS qui choisissez le type de connexion que vous avez avec lui.

Comprenez que vous avez un contrôle total de cent pour cent sur vos pensées conscientes. Oui, c'est aussi puissant que cela ! C'est extrêmement important parce que vos idées conscientes quotidiennes vont modeler votre esprit subconscient, qui est une force que vous et moi ne pouvons même pas complètement appréhender.

Que vous soyez éveillé ou endormi et que vous en soyez conscient ou non, votre esprit subconscient travaille toujours de concert avec le monde pour vous livrer ce sur quoi vos pensées conscientes se concentrent.

Il est de votre devoir de surveiller vos pensées comme un faucon. En tant qu'entrepreneur, vous ne pouvez pas vous permettre de vous concentrer sur le manque, la négativité ou l'inquiétude, et encore moins si vous venez de vous lancer dans cette activité et que vous êtes fauché, car vous attirerez davantage la même chose. Cela vous détruira, vous et votre entreprise, avant même que vous ne commenciez.

Vous n'êtes pas un employé, et vous devez vous débarrasser de cette mentalité d'employé. Supposons que vous vouliez obtenir les résultats que vous désirez dans la vie. Dans ce cas, vous devez commencer à penser comme un entrepreneur prospère, ce que vous pouvez faire en vous connectant régulièrement à du matériel de formation qui vous donne du pouvoir, vous aide à surmonter le doute et vous encourage à voir plus grand.

À chaque seconde de la journée, vos pensées vous rapprochent ou vous éloignent de vos objectifs. La vie est soit en avant, soit en arrière ; il n'y a pas d'entre-deux.

Les millionnaires qui ont réussi dans notre domaine s'en rendent compte et ont passé des années à affiner leur façon de penser. Ils ont vaincu le doute en eux. Ils ont affiné leurs compétences en matière de leadership. Ils sont perpétuellement dans un état de flux, ce qui est plutôt charmant.

Les personnes qui gagnent le plus attirent les ressources nécessaires à la poursuite de leurs objectifs et de leurs buts. Ils attirent ces choses par le biais de leur subconscient, qu'ils contrôlent consciemment par la pensée consciente.

Considérez votre subconscient comme une ardoise complètement vierge qui acceptera toutes les pensées qui lui sont transmises par votre conscience. Votre subconscient travaillera sans relâche et se connectera au monde pour manifester vos pensées conscientes, et il n'échoue jamais.

La meilleure nouvelle, c'est que vous pouvez sans aucun doute atteindre les résultats et les objectifs que vous désirez en suivant la même méthode que les personnes qui gagnent le plus ! Travailler sur vos pensées, ce qui est plus facile à dire qu'à faire, nécessite des années d'étude, de pratique, de persévérance et de travail acharné. Il est également nécessaire si vous voulez atteindre l'indépendance financière au cours de votre vie !

Pour développer une habitude quotidienne de travailler constamment sur votre esprit, changer et recâbler votre état d'esprit pour le succès, développer votre Millionaire Mindset. Pour ce faire, vous devez rejoindre un mastermind, nourrir continuellement votre cerveau de pensées positives et être conscient du type de pensées que vous nourrissez votre subconscient à chaque seconde de chaque jour.

C'est un combat brutal à gagner seul. En effet, tous les grands entrepreneurs reconnaissent qu'un groupe de réflexion ou un ensemble de mentors les a aidés à modeler leur esprit, qui est directement responsable de leur succès. Quel que soit le nombre de prospects que vous générez, vous échouerez sans cette composante si votre esprit n'est pas à l'écoute. Si vous êtes un individu dans le besoin, c'est la seule explication.

# CONCLUSION.

Pourquoi certaines personnes travaillent-elles dur toute leur vie et restent-elles dans l'insécurité financière (pauvres) alors qu'elles devraient se détendre dans la liberté financière ? Est-ce parce qu'ils ne sont pas nés pour réussir, qu'ils sont incapables de penser par eux-mêmes ou qu'ils ne possèdent pas les rudiments de l'intelligence financière ?

L'intelligence financière ou l'éducation financière est un processus graduel d'apprentissage de la gestion de l'argent qui permet de vivre sans dettes et d'atteindre le confort financier, voire la liberté, quel que soit le montant de son revenu. En d'autres termes, la littératie financière est la capacité de lire les chiffres et de comprendre la dynamique et les opérations de l'argent.

Dans toute société, la réussite financière est essentiellement une question d'attitude. En d'autres termes, elle est déterminée par l'attitude d'une personne face au temps, appelée "perspective temporelle".

Les personnes qui ont réussi financièrement ont généralement une vision à long terme. Elles organisent leurs activités quotidiennes, hebdomadaires et mensuelles en pensant au long terme. Elles envisagent l'avenir cinq, dix et vingt ans à l'avance. Ils allouent des ressources et prennent des décisions en fonction de leur impact sur l'état souhaité dans plusieurs années.

De l'autre côté, les personnes qui ne réussissent pas financièrement ont généralement un horizon temporel court. Ils ne prêtent guère attention au long terme. Elles privilégient la gratification rapide plutôt que les réalisations et les accomplissements à long terme. Ils se concentrent davantage sur le plaisir à court terme. En raison de cette approche, les individus prennent des décisions à court terme qui entraînent des difficultés à long terme.

Une autre raison pour laquelle de nombreuses personnes sont confrontées à l'insécurité financière est leur propension à s'occuper des affaires des autres plutôt que des leurs. De nombreuses personnes travaillent dur à leur poste (en tant que travailleurs) simplement pour recevoir un chèque de paie (ce qui leur procure un faux sentiment de sécurité). D'autres encore travaillent très dur à leur développement commercial et financier pour faire face aux futurs problèmes financiers qui se présenteront.

Un proverbe dit que "si tu travailles dur à ton travail, tu gagneras ta vie, et si tu travailles dur sur toi-même, tu gagneras une fortune". Ainsi, il est préférable de travailler dur sur soi-même et d'accumuler une belle fortune que de travailler dur à son travail et de gagner une allocation.

En d'autres termes, on ne peut pas travailler et espérer gagner son indépendance financière. Il faut donc être capable de penser de manière créative, notamment en matière de gestion financière et d'argent.

L'éducation financière repose sur trois valeurs financières fondamentales :

- La sécurité
- Capacité de confort
- Richesse/liberté.

Avant de pouvoir envisager la liberté financière, nous avons besoin d'un plan qui nous assure la sécurité de base pour la nourriture, l'habillement et le logement et qui nous rende confortables (nous permet d'acheter d'autres conforts de vie).

La bonne nouvelle, c'est que l'on peut devenir riche automatiquement si l'on a un plan solide et si l'on s'y tient en acquérant et en appliquant les connaissances nécessaires. La liberté financière/richesse obtenue grâce à une planification financière prudente ne s'obtient pas du jour au lendemain, mais au fil du temps.

Indépendamment de ce que vous apprenez, il y a toujours une forte association entre la compréhension financière et la qualité de la planification financière. Votre état d'esprit sera toujours le suivant : plus vous avez de connaissances, plus vous deviendrez riche en acquérant de la richesse. D'un autre côté, l'ignorance continue de vous coûter de l'argent.

Malheureusement, à l'ère de la jet-set, tout le monde cherche une solution rapide à ses problèmes d'argent. Personne ne désire la satisfaction différée, qui est une composante nécessaire de la véritable richesse à long terme.

Évitez d'être naïf en croyant que vos difficultés financières seraient résolues si vous obteniez un meilleur emploi (ce qui est hautement improbable) ou une solution miracle qui n'existe pas. Vous devez passer par les étapes appropriées pour comprendre votre situation financière.

Ainsi, il n'est jamais trop tard pour toute personne désireuse d'élargir ses connaissances et ses compétences financières pour atteindre l'indépendance financière. C'est important pour votre avenir financier.

Merci de votre lecture

Série : La liberté financière à tout âge

1. Atteindre la liberté financière dans la vingtaine
2. Atteindre la liberté financière dans la trentaine
3. Atteindre la liberté financière dans la quarantaine
4. Atteindre la liberté financière dans la cinquantaine
5. Atteindre la liberté financière dans la soixantaine
6. Atteindre la liberté financière à 70 ans et plus.
7. Atteindre la liberté financière chez les enfants
8. Atteindre la liberté financière chez les adolescents
9. Atteindre la liberté financière chez les étudiants.